MINI PUZZLES

SUDOKU

MINI PUZZLES

SUDOKU

SUPER SPEEDY PUZZLES

SIRIUS

SIRIUS

This edition published in 2024 by Sirius Publishing, a division of
Arcturus Publishing Limited,
26/27 Bickels Yard, 151–153 Bermondsey Street,
London SE1 3HA

ISBN: 978-1-3988-3693-8
AD011796NT

Printed in China

Contents

How to Solve a Sudoku Puzzle

Sudoku is a puzzle in a grid. They're great fun and you don't need to be good at sums to solve them! Every grid is made up of rows, columns, and boxes of squares:

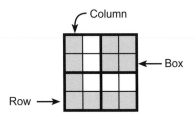

Column

Box

Row

When you first start a sudoku puzzle, you will see a grid, with some numbers already filled in, and you have to fill in the empty squares, so that the numbers 1, 2, 3, and 4 appear once only in each row, column, and box. If you look at the grid below, you could start by thinking about which number should go in the top right corner:

	2	3	
		4	
	3		1

It can't be a 1 (otherwise there would be two 1s in that column). And there is already a 2 and a 3 in the top row, so the number in the top right corner must be a 4. Once you have filled that square, you can

see that the last number to fit in the top row is a 1, which goes next to the 2, like this:

1	2	3	4
		4	
	3		1

Now look at the four squares that form the top right box. There can't be a 1 below the 4, because of the 1 already in that column, so it can only go below the 3. The number in the remaining space must be a 2, so that the numbers 1, 2, 3, and 4 are all in that box.

1	2	3	4
		1	2
		4	
	3		1

The remaining number in the far right column is a 3, and that goes in the remaining empty square:

1	2	3	4
		1	2
		4	3
	3		1

You could now go on to fill in the remaining number in the third column: a 2. The obvious next step is to fill in the last number in the bottom row: a 4.

After that, look at the third row and decide where you think the 2 should be. It can't be in the second column, because there is already a 2 in the second column, so it must be in the first column.

When you've put the 2 in the first column, the grid will look like this:

1	2	3	4
		1	2
2		4	3
4	3	2	1

You can now see that the number that fits into the remaining square in the bottom left box must be a 1:

1	2	3	4
		1	2
2	1	4	3
4	3	2	1

There are two squares still to be filled in the top left box.

The missing number in the first column of the second row cannot be a 4, because there is already a 4 in that column, so it must be a 3.

The grid now looks like this:

1	2	3	4
3		1	2
2	1	4	3
4	3	2	1

From here, it is very easy to see where the 4 in the top left box should be placed.

The finished puzzle looks like this:

1	2	3	4
3	4	1	2
2	1	4	3
4	3	2	1

It's best to start with the smaller puzzles until you know how to play, then move up to the next size, using the numbers 1, 2, 3, 4, 5, and 6:

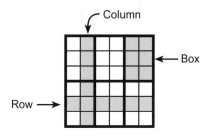

Solutions to all of the puzzles can be found at the back of the book.

1

			2
	4	1	
	3		4

2

	1		4
4	3		1

3

		4	
	1		
		3	2
	2		

4

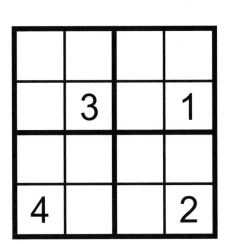

5

4			
	2		
			3
1			

6

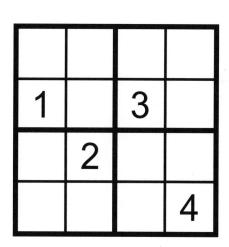

7

4			1
2			
		1	
			4

8

		4	1
	3		2

9

			4
4			3
	1		

10

4		2	
3	1		

11

	4		
3	2		
	3	2	

12

4		1	
		2	3

13

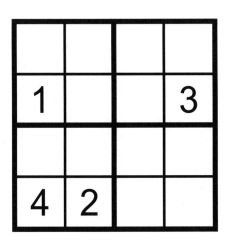

14

	4		
1			
4			
	3		1

15

3		4	
			1
		3	

16

1		2	
			3
3			
	2		

17

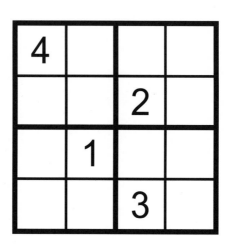

18

		2	
	1		
3	2		

19

4			1
	3		
1			

20

	2		
	3	1	
			4
		2	

21

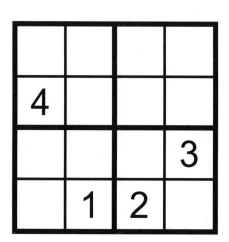

22

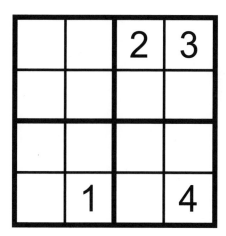

23

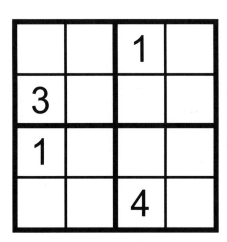

24

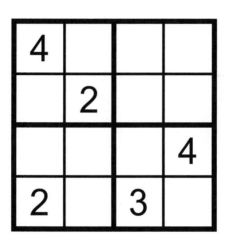

25

1			
3	4		
		4	
			1

26

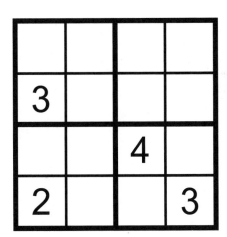

27

	1		
	4		3
			2

28

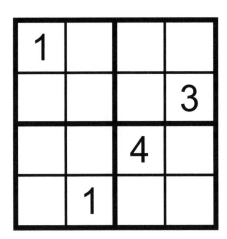

29

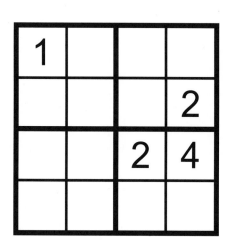

30

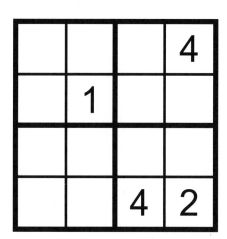

31

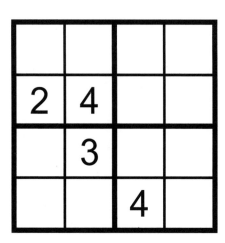

32

4			
	2	1	
	4		2

33

	4		
		2	
	1	3	

34

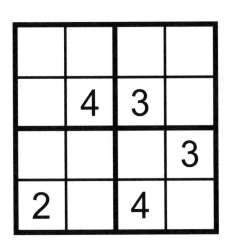

35

4			2
		3	
2			

36

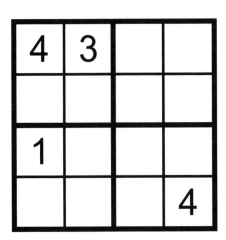

37

	4	2	
	1	4	
	2		

38

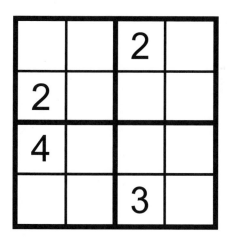

39

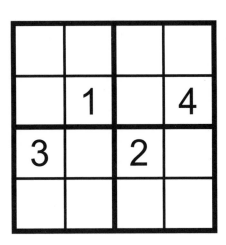

40

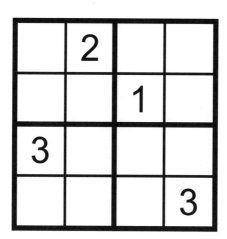

41

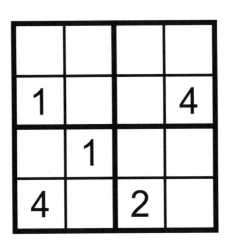

42

2		1	
	3	2	
3	1		

43

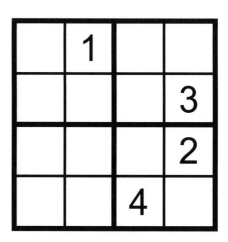

44

4		1	
		3	
1		4	

45

		4	
1			
			3
	2		

46

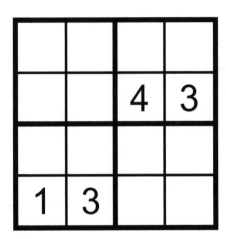

47

		2	
	3		
3	1		

48

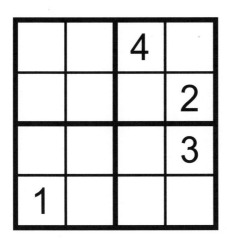

49

2	3		
	1		
		3	
			1

50

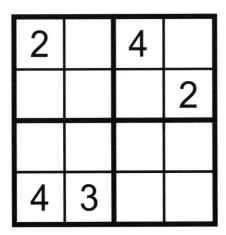

51

			4
2			1
1			
	2		

52

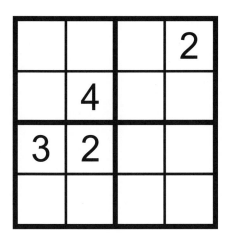

53

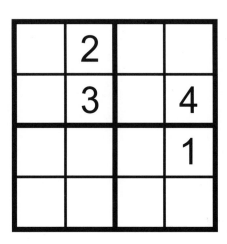

54

	1	3	
2			
		1	

55

1			
	2		
		2	3
		1	

56

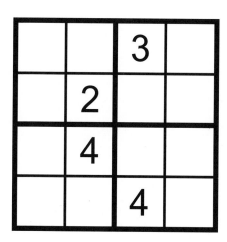

57

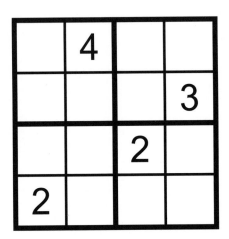

58

	4		2
3	1		

59

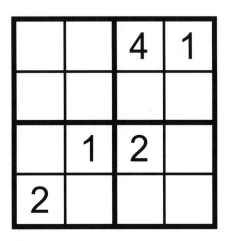

60

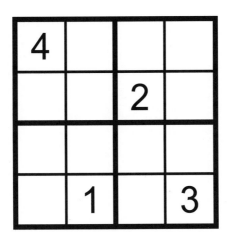

61

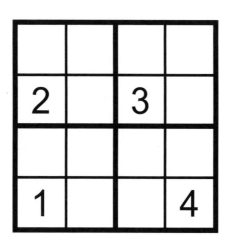

62

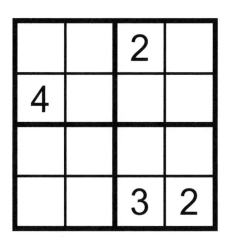

63

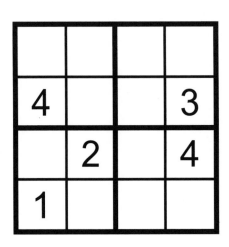

64

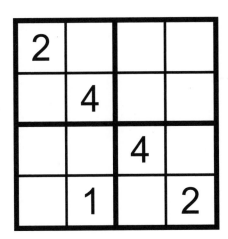

65

1	2		
			3
	4		2

66

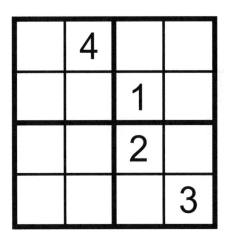

67

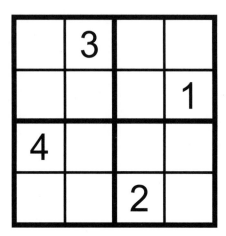

68

1			2
3			
			3
		4	

69

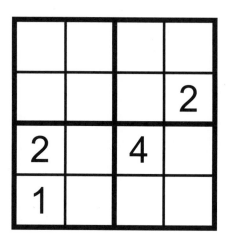

70

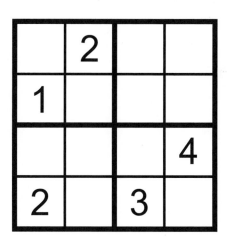

71

1			
		2	
		4	
3			

72

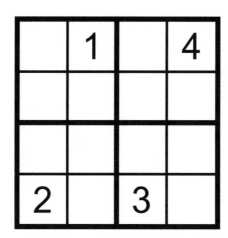

73

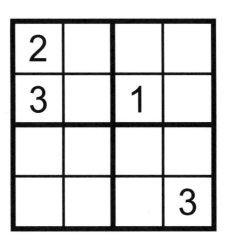

74

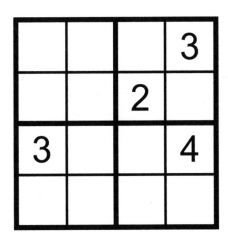

75

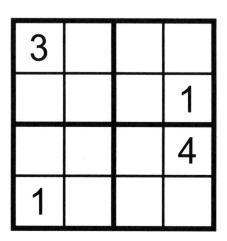

76

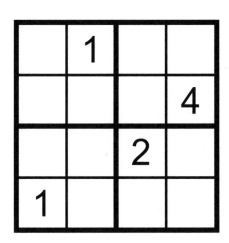

77

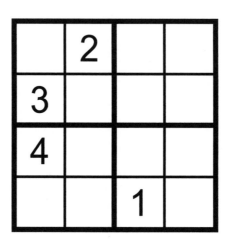

78

2			
	1	3	
	2		1

79

		3	
1		4	
	2		
3			

80

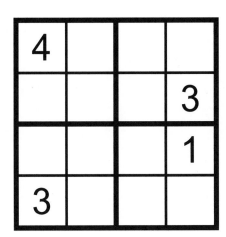

81

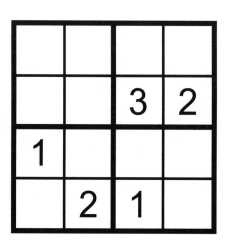

82

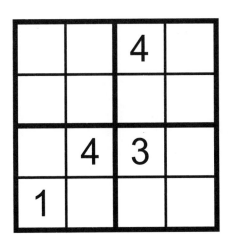

83

3			
			4
1	3		

84

1		4	
			1
		2	
4			

85

	4	2	
	1		
	2	1	

86

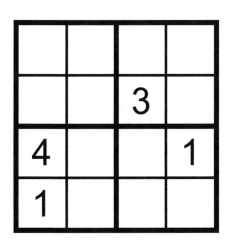

87

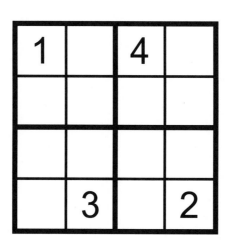

88

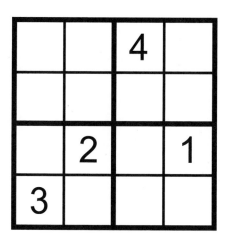

89

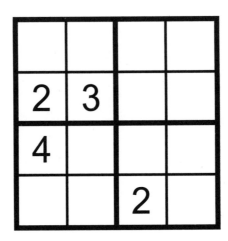

90

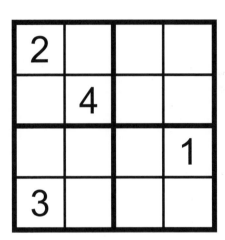

91

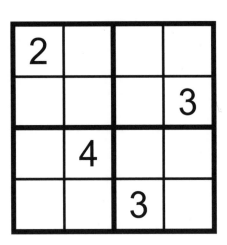

92

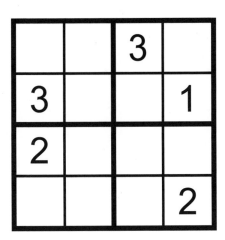

93

2		4	
		1	
3			

94

	4		
			2
	3		
1			

95

	2	1	
			3
4			

96

		2	
1			
	3		
4			

97

2			
	3		
	4		1
			3

98

2			
1	3		
		3	
			2

99

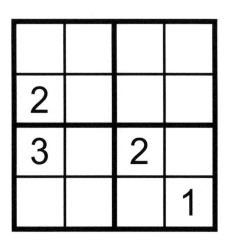

100

	3		
	1	3	
			2

101

1			5		
	2	3			6
		6		5	1
2	1		6		
3			4	6	
		2			5

102

2		6	1		
		5	2		6
1				3	
	2				1
6		1	3		
		2	6		5

103

3		2	5	6	
					3
1			2		6
5		6			1
4					
	6	3	4		5

104

	3		6		
4	5	6			3
6	2				
				2	6
2			4	3	5
		5		6	

105

		2			6
		4	5		
3			1	5	2
2	1	5			3
		3	2		
4			3		

106

	1		3		2
	3	2	4		
		3			
2			6		
		4	1	6	
6		1		4	

107

1		4			
		5	1		3
2			4	3	
	1	3			5
3		2	5		
			3		6

108

		1	2		
	4	2		6	1
		6		1	
	1		6		
4	6		1	5	
		5	3		

109

2	6				
5		1			2
	5	2		6	
	4		2	5	
3			5		4
				1	6

110

6		5			3
		4			
	5		2		4
2		1		5	
			5		
5			4		1

111

4				6	
				3	4
	4	1		5	
	3		4	2	
6	1				
	2				5

112

4	6			2	
3	2		6		
	3				2
2				6	
		3		4	5
	4			3	6

113

	3	4	5	6	
5	6				
6		1			
			6		1
				5	4
	4	5	2	1	

114

3	5	4	1		
		6			
	6			5	3
5	3			6	
			6		
		5	3	4	2

115

	5	6	4		
3					5
1		4		5	
	6		3		4
4					3
		3	5	4	

116

6	1			5	
	3	5		4	
		3			5
1			2		
	4		5	6	
	6			2	3

117

5				4	3
		2	1		
	2		5		1
6		5		2	
		6	4		
2	4				5

118

	3		1	5	6
5		1			
		3			2
2			5		
			4		1
6	1	4		3	

119

	4	1		6	2
3					
1		3	6		
		2	1		5
					3
2	3		4	1	

120

	1		6	4	
	5		2		
	4	1			3
2			1	6	
		3		5	
	6	4		1	

121

	2				4
	6	4	2		1
4	5				
				4	3
1		2	6	3	
6				1	

122

		5	3		
3	6			5	
2			1		4
6		4			3
	4			3	1
		6	2		

123

	6	1			3
4			1	6	
6		5		2	
	3		6		5
	1	4			6
3			5	1	

124

	5		3		4
	3		5		
	6		1		2
2		1		5	
		5		6	
6		4		3	

125

		1	2		
	3		5	1	4
			6	3	
	6	5			
1	5	3		2	
		4	3		

126

6		5		4	
4	1				
		1	6		4
2		4	1		
				3	2
	2		4		6

127

2	5		4		
				6	5
		4		1	2
1	6		3		
3	4				
		5		4	3

128

3		6			1
4	5			2	
		3	5	4	
	6	4	1		
	4			1	5
1			2		4

129

	1	2			
			6	2	1
2		1			3
3			2		4
1	6	4			
			1	4	

130

				1	
2	3	1	6		
6				3	1
4	1				2
		6	1	2	4
	4				

131

4		5			2
	2		5	4	
		6			4
1			3		
	1	3		6	
5			2		1

Solutions

1

3	1	4	2
2	4	1	3
1	3	2	4
4	2	3	1

2

2	1	3	4
3	4	1	2
1	2	4	3
4	3	2	1

3

2	3	4	1
4	1	2	3
1	4	3	2
3	2	1	4

4

1	4	2	3
2	3	4	1
3	2	1	4
4	1	3	2

5

4	1	3	2
3	2	4	1
2	4	1	3
1	3	2	4

6

2	3	4	1
1	4	3	2
4	2	1	3
3	1	2	4

Solutions

7

4	3	2	1
2	1	4	3
3	4	1	2
1	2	3	4

8

3	2	4	1
1	4	2	3
2	1	3	4
4	3	1	2

9

2	4	3	1
1	3	2	4
4	2	1	3
3	1	4	2

10

4	3	2	1
1	2	3	4
2	4	1	3
3	1	4	2

11

1	4	3	2
3	2	1	4
2	1	4	3
4	3	2	1

12

4	3	1	2
2	1	3	4
1	4	2	3
3	2	4	1

Solutions

13

2	3	1	4
1	4	2	3
3	1	4	2
4	2	3	1

14

3	4	1	2
1	2	3	4
4	1	2	3
2	3	4	1

15

3	1	4	2
2	4	1	3
4	3	2	1
1	2	3	4

16

1	3	2	4
2	4	1	3
3	1	4	2
4	2	3	1

17

4	2	1	3
1	3	2	4
3	1	4	2
2	4	3	1

18

4	3	2	1
2	1	4	3
3	2	1	4
1	4	3	2

Solutions

19

4	2	3	1
3	1	4	2
2	3	1	4
1	4	2	3

20

1	2	4	3
4	3	1	2
2	1	3	4
3	4	2	1

21

1	3	4	2
4	2	3	1
2	4	1	3
3	1	2	4

22

1	4	2	3
3	2	4	1
4	3	1	2
2	1	3	4

23

4	2	1	3
3	1	2	4
1	4	3	2
2	3	4	1

24

4	3	1	2
1	2	4	3
3	1	2	4
2	4	3	1

Solutions

25

1	2	3	4
3	4	1	2
2	1	4	3
4	3	2	1

26

4	2	3	1
3	1	2	4
1	3	4	2
2	4	1	3

27

3	1	2	4
4	2	3	1
2	4	1	3
1	3	4	2

28

1	3	2	4
2	4	1	3
3	2	4	1
4	1	3	2

29

1	2	4	3
4	3	1	2
3	1	2	4
2	4	3	1

30

3	2	1	4
4	1	2	3
2	4	3	1
1	3	4	2

Solutions

31

3	1	2	4
2	4	3	1
4	3	1	2
1	2	4	3

32

4	1	2	3
3	2	1	4
1	4	3	2
2	3	4	1

33

2	4	1	3
1	3	2	4
3	2	4	1
4	1	3	2

34

3	2	1	4
1	4	3	2
4	1	2	3
2	3	4	1

35

4	3	1	2
1	2	3	4
2	1	4	3
3	4	2	1

36

4	3	2	1
2	1	4	3
1	4	3	2
3	2	1	4

Solutions

37

1	4	2	3
2	3	1	4
3	1	4	2
4	2	3	1

38

3	4	2	1
2	1	4	3
4	3	1	2
1	2	3	4

39

4	3	1	2
2	1	3	4
3	4	2	1
1	2	4	3

40

1	2	3	4
4	3	1	2
3	4	2	1
2	1	4	3

41

3	4	1	2
1	2	3	4
2	1	4	3
4	3	2	1

42

2	4	1	3
1	3	2	4
3	1	4	2
4	2	3	1

Solutions

43

3	1	2	4
4	2	1	3
1	4	3	2
2	3	4	1

44

3	1	2	4
4	2	1	3
2	4	3	1
1	3	4	2

45

2	3	4	1
1	4	3	2
4	1	2	3
3	2	1	4

46

3	4	1	2
2	1	4	3
4	2	3	1
1	3	2	4

47

1	4	2	3
2	3	1	4
4	2	3	1
3	1	4	2

48

3	2	4	1
4	1	3	2
2	4	1	3
1	3	2	4

Solutions

49

2	3	1	4
4	1	2	3
1	4	3	2
3	2	4	1

50

2	1	4	3
3	4	1	2
1	2	3	4
4	3	2	1

51

3	1	2	4
2	4	3	1
1	3	4	2
4	2	1	3

52

1	3	4	2
2	4	3	1
3	2	1	4
4	1	2	3

53

4	2	1	3
1	3	2	4
2	4	3	1
3	1	4	2

54

4	1	3	2
2	3	4	1
3	2	1	4
1	4	2	3

Solutions

55

1	4	3	2
3	2	4	1
4	1	2	3
2	3	1	4

56

4	1	3	2
3	2	1	4
1	4	2	3
2	3	4	1

57

3	4	1	2
1	2	4	3
4	3	2	1
2	1	3	4

58

2	3	4	1
1	4	3	2
3	1	2	4
4	2	1	3

59

3	2	4	1
1	4	3	2
4	1	2	3
2	3	1	4

60

4	2	3	1
1	3	2	4
3	4	1	2
2	1	4	3

Solutions

61

3	1	4	2
2	4	3	1
4	2	1	3
1	3	2	4

62

3	1	2	4
4	2	1	3
2	3	4	1
1	4	3	2

63

2	3	4	1
4	1	2	3
3	2	1	4
1	4	3	2

64

2	3	1	4
1	4	2	3
3	2	4	1
4	1	3	2

65

4	3	2	1
1	2	3	4
2	1	4	3
3	4	1	2

66

1	4	3	2
3	2	1	4
4	3	2	1
2	1	4	3

Solutions

67

1	3	4	2
2	4	3	1
4	2	1	3
3	1	2	4

68

1	4	3	2
3	2	1	4
4	1	2	3
2	3	4	1

69

3	2	1	4
4	1	3	2
2	3	4	1
1	4	2	3

70

4	2	1	3
1	3	4	2
3	1	2	4
2	4	3	1

71

1	2	3	4
4	3	2	1
2	1	4	3
3	4	1	2

72

3	1	2	4
4	2	1	3
1	3	4	2
2	4	3	1

Solutions

73

2	1	3	4
3	4	1	2
4	3	2	1
1	2	4	3

74

2	1	4	3
4	3	2	1
3	2	1	4
1	4	3	2

75

3	1	4	2
4	2	3	1
2	3	1	4
1	4	2	3

76

4	1	3	2
2	3	1	4
3	4	2	1
1	2	4	3

77

1	2	4	3
3	4	2	1
4	1	3	2
2	3	1	4

78

2	3	1	4
4	1	3	2
1	4	2	3
3	2	4	1

Solutions

79

2	4	3	1
1	3	4	2
4	2	1	3
3	1	2	4

80

4	3	1	2
1	2	4	3
2	4	3	1
3	1	2	4

81

2	3	4	1
4	1	3	2
1	4	2	3
3	2	1	4

82

3	1	4	2
4	2	1	3
2	4	3	1
1	3	2	4

83

3	4	2	1
2	1	3	4
1	3	4	2
4	2	1	3

84

1	3	4	2
2	4	3	1
3	1	2	4
4	2	1	3

Solutions

85

3	4	2	1
2	1	3	4
4	2	1	3
1	3	4	2

86

3	4	1	2
2	1	3	4
4	3	2	1
1	2	4	3

87

1	2	4	3
3	4	2	1
2	1	3	4
4	3	1	2

88

1	3	4	2
2	4	1	3
4	2	3	1
3	1	2	4

89

1	4	3	2
2	3	4	1
4	2	1	3
3	1	2	4

90

2	3	1	4
1	4	2	3
4	2	3	1
3	1	4	2

Solutions

91

2	3	4	1
4	1	2	3
3	4	1	2
1	2	3	4

92

1	2	3	4
3	4	2	1
2	1	4	3
4	3	1	2

93

2	1	4	3
4	3	1	2
1	2	3	4
3	4	2	1

94

2	4	1	3
3	1	4	2
4	3	2	1
1	2	3	4

95

3	2	1	4
1	4	3	2
2	1	4	3
4	3	2	1

96

3	4	2	1
1	2	4	3
2	3	1	4
4	1	3	2

Solutions

97

2	1	3	4
4	3	1	2
3	4	2	1
1	2	4	3

98

2	4	1	3
1	3	2	4
4	2	3	1
3	1	4	2

99

1	3	4	2
2	4	1	3
3	1	2	4
4	2	3	1

100

4	3	2	1
1	2	4	3
2	1	3	4
3	4	1	2

101

1	6	4	5	2	3
5	2	3	1	4	6
4	3	6	2	5	1
2	1	5	6	3	4
3	5	1	4	6	2
6	4	2	3	1	5

102

2	4	6	1	5	3
3	1	5	2	4	6
1	6	4	5	3	2
5	2	3	4	6	1
6	5	1	3	2	4
4	3	2	6	1	5

Solutions

103

3	1	2	5	6	4
6	4	5	1	2	3
1	3	4	2	5	6
5	2	6	3	4	1
4	5	1	6	3	2
2	6	3	4	1	5

104

1	3	2	6	5	4
4	5	6	2	1	3
6	2	3	5	4	1
5	1	4	3	2	6
2	6	1	4	3	5
3	4	5	1	6	2

105

1	5	2	4	3	6
6	3	4	5	2	1
3	4	6	1	5	2
2	1	5	6	4	3
5	6	3	2	1	4
4	2	1	3	6	5

106

4	1	6	3	5	2
5	3	2	4	1	6
1	6	3	5	2	4
2	4	5	6	3	1
3	2	4	1	6	5
6	5	1	2	4	3

107

1	3	4	6	5	2
6	2	5	1	4	3
2	5	6	4	3	1
4	1	3	2	6	5
3	6	2	5	1	4
5	4	1	3	2	6

108

6	5	1	2	3	4
3	4	2	5	6	1
2	3	6	4	1	5
5	1	4	6	2	3
4	6	3	1	5	2
1	2	5	3	4	6

Solutions

109

2	6	4	1	3	5
5	3	1	6	4	2
1	5	2	4	6	3
6	4	3	2	5	1
3	1	6	5	2	4
4	2	5	3	1	6

110

6	2	5	1	4	3
1	3	4	6	2	5
3	5	6	2	1	4
2	4	1	3	5	6
4	1	3	5	6	2
5	6	2	4	3	1

111

4	5	3	1	6	2
1	6	2	5	3	4
2	4	1	3	5	6
5	3	6	4	2	1
6	1	5	2	4	3
3	2	4	6	1	5

112

4	6	1	5	2	3
3	2	5	6	1	4
1	3	6	4	5	2
2	5	4	3	6	1
6	1	3	2	4	5
5	4	2	1	3	6

113

1	3	4	5	6	2
5	6	2	1	4	3
6	2	1	4	3	5
4	5	3	6	2	1
2	1	6	3	5	4
3	4	5	2	1	6

114

3	5	4	1	2	6
1	2	6	5	3	4
4	6	1	2	5	3
5	3	2	4	6	1
2	4	3	6	1	5
6	1	5	3	4	2

Solutions

115

2	5	6	4	3	1
3	4	1	6	2	5
1	3	4	2	5	6
5	6	2	3	1	4
4	2	5	1	6	3
6	1	3	5	4	2

116

6	1	4	3	5	2
2	3	5	1	4	6
4	2	3	6	1	5
1	5	6	2	3	4
3	4	2	5	6	1
5	6	1	4	2	3

117

5	6	1	2	4	3
4	3	2	1	5	6
3	2	4	5	6	1
6	1	5	3	2	4
1	5	6	4	3	2
2	4	3	6	1	5

118

4	3	2	1	5	6
5	6	1	3	2	4
1	5	3	6	4	2
2	4	6	5	1	3
3	2	5	4	6	1
6	1	4	2	3	5

119

5	4	1	3	6	2
3	2	6	5	4	1
1	5	3	6	2	4
4	6	2	1	3	5
6	1	4	2	5	3
2	3	5	4	1	6

120

3	1	2	6	4	5
4	5	6	2	3	1
6	4	1	5	2	3
2	3	5	1	6	4
1	2	3	4	5	6
5	6	4	3	1	2

Solutions

121

5	2	1	3	6	4
3	6	4	2	5	1
4	5	3	1	2	6
2	1	6	5	4	3
1	4	2	6	3	5
6	3	5	4	1	2

122

4	2	5	3	1	6
3	6	1	4	5	2
2	5	3	1	6	4
6	1	4	5	2	3
5	4	2	6	3	1
1	3	6	2	4	5

123

2	6	1	4	5	3
4	5	3	1	6	2
6	4	5	3	2	1
1	3	2	6	4	5
5	1	4	2	3	6
3	2	6	5	1	4

124

1	5	6	3	2	4
4	3	2	5	1	6
5	6	3	1	4	2
2	4	1	6	5	3
3	2	5	4	6	1
6	1	4	2	3	5

125

5	4	1	2	6	3
2	3	6	5	1	4
4	1	2	6	3	5
3	6	5	1	4	2
1	5	3	4	2	6
6	2	4	3	5	1

126

6	3	5	2	4	1
4	1	2	3	6	5
3	5	1	6	2	4
2	6	4	1	5	3
1	4	6	5	3	2
5	2	3	4	1	6

Solutions

127

2	5	6	4	3	1
4	1	3	2	6	5
5	3	4	6	1	2
1	6	2	3	5	4
3	4	1	5	2	6
6	2	5	1	4	3

128

3	2	6	4	5	1
4	5	1	6	2	3
2	1	3	5	4	6
5	6	4	1	3	2
6	4	2	3	1	5
1	3	5	2	6	4

129

6	1	2	4	3	5
4	3	5	6	2	1
2	4	1	5	6	3
3	5	6	2	1	4
1	6	4	3	5	2
5	2	3	1	4	6

130

5	6	4	2	1	3
2	3	1	6	4	5
6	2	5	4	3	1
4	1	3	5	6	2
3	5	6	1	2	4
1	4	2	3	5	6

131

4	3	5	6	1	2
6	2	1	5	4	3
3	5	6	1	2	4
1	4	2	3	5	6
2	1	3	4	6	5
5	6	4	2	3	1